METRO

ТОШКЕНТ

Yonagadou and Daifukushorin

メトロにのって

地下鉄駅構内が好きだ。
どこまでも降りていくようなエスカレーター、
電車が寄り添えないほどのカーブ、
暗闇の中に駅の光が見えてくる瞬間。
暗いところでは、誰も目を凝らしてなにかを見ようとしない。
その無関心は、居心地がいい。
地下鉄駅が好きだったらウズベキスタンがいいよ、
といわれて、すぐに向かったのだった。
中央アジアの乾いた大地の真ん中に、
旧ソビエト連邦時代の壮麗な地下建築が広がる。
聞いただけで、わくわくする話だ。

ТОШКЕНТ МЕТРОПОЛИТЕНИ ХАРИТАСИ タシケント地下鉄地図

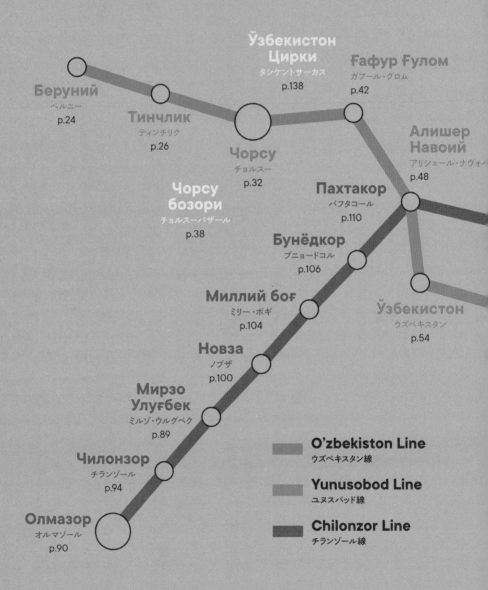

Беруний
ベルニー
p.24

Тинчлик
ティンチリク
p.26

Ўзбекистон Цирки
タシケントサーカス
p.138

Ғафур Ғулом
ガフール・グロム
p.42

Алишер Навоий
アリシェール・ナヴォイ
p.48

Чорсу
チョルスー
p.32

Чорсу бозори
チョルスーバザール
p.38

Пахтакор
パフタコール
p.110

Бунёдкор
ブニョードコル
p.106

Ўзбекистон
ウズベキスタン
p.54

Миллий боғ
ミリー・ボギ
p.104

Новза
ノブザ
p.100

Мирзо Улуғбек
ミルゾ・ウルグベク
p.89

Чилонзор
チランゾール
p.94

Олмазор
オルマゾール
p.90

O'zbekiston Line
ウズベキスタン線

Yunusobod Line
ユヌスバッド線

Chilonzor Line
チランゾール線

建設中

Шахристон
シャフリストン
p.88

Бодомзор
ボドムゾール
p.84

Минор
ミナール
p.82

Юнус Ражабий
ユヌス・ラジャビ
p.76

Абдулла Қодирий
アブドゥラ・コディリ
p.78

Буюк Ипак Йўли
ブユック・イパク・ユーリ
p.134

Ўзбекистон Мехмонхонаси
ウズベキスタンホテル
p.134

Мустақиллик Майдони
ムスタキリク・マイドニ
p.120

Пушкин
プーシキン
p.130

Ҳамид Олимжон
ハミド・オリムジョン
p.126

Амир Темур Хиёбони
アミール・ティムール・ヒヨボニ
p.123

Космонавтлар
コスモナウトラル
p.58

Машинасозлар
マシナソズラール
p.70

Минг Ўрик
ミン・オリック
p.64

Ойбек
アイベック
p.62

延長計画中

Тошкент
タシケント
p.66

Дустлик
ドストリク
p.72

● 地下鉄の石材に刻まれたユーラシア大陸の歴史 p.136
● ウズベキスタン共和国あれこれ p.142

ТОШКЕНТ МЕТРОПОЛИТЕНИ

タシケント地下鉄について

●ウズベキスタンの首都タシケントの地下鉄は、旧ソ連邦の国として1977年に開業、中央アジアで初めての地下鉄となった。1966年にマグニチュード5.0の大地震が発生、余震の多さで2万8000棟の建物が倒壊して、10万人が家屋を失った。その2年後、シェルターとしても使えるように地下鉄開発計画がされたという。地下8〜25メートルと、地下鉄駅としてはさほど深くないが、マグニチュード9.0にも耐えられるような設計にして、有事の時は逃げ込める場所になっている。

●旧ソビエト連邦時代に建設が始まっており、明らかにモスクワの地下鉄を意識した、駅ごとに異なる華やかな内装を持ち、美しい建築となっている。モスクワ地下鉄の駅建築も時代ごとの違い（スターリン時代の豪華絢爛な建築、フルシチョフ時代の画一的な建築、1980年代はゴルバチョフ時代、エリツィン時代の洗練…）があるが、タシケントの地下鉄が作られたのは折しもブレジネフが書記長を務めていた時代（1964-82）と重なる。長期に渡ったブレジネフ時代でも、モスクワ五輪（1980）開催前とあって、世界に国力をアピールするべく、モスクワ地下鉄に華やかな駅が誕生した頃だった。同じソビエト連邦であったタシケントメトロのパフタコール駅のモザイク画（1977）には聖火を持ったランナーの姿が描かれている（p.110）。

●食糧難の時代にはウクライナなどで数百人の餓死者を出しながら作られた、ロシアの地下鉄建築の豪華さには及ばないが、タシケントメトロも、国内外に旧ソビエト連邦の力を見せつける意図が大いにあっただろうと思われる。ロシア入植者の多いタシケントに、1966年のタシケント大地震後はソビエトからさらにたくさんのロシア人が駆けつけて復興を手伝ったといわれる。

●タシケントメトロは、チランゾール線（1968年に工事が始まった最も歴史のある線）、ウズベキスタン線（1984年開通）、旧ソ連崩壊後に作られたユヌスバッド線（2001年開通の短い線）の3線、全29駅からなる。独立後は、共産主義や旧ソ連の国家体制から脱却をはかるべく、駅名もウズベキスタン固有の伝統やアイデンティティを感じさせる名前に変更されている。いっぽう、合理主義を掲げたソビエト時代は宗教的なものを排除したため、駅の内装にはムスリム国家を感じさせる装飾はほとんど見られない（アリシェール・ナヴォイ駅p.48くらい）。

●20世紀半ばの地下鉄建築だけあって、PCパネルや蛍光灯、モルタル使いなど、同時代の日本の地下鉄諸駅との材質の類似性も感じられて面白い。見所は、下りエスカレーターの正面、ホームの柱、ホームから見た階段の入口など。雨の日や寒い日にも予定を変更することなく建築見学ができる。

乗るには

● 2019年9月現在で1トークンは1450スム（16円ほど）。この国の物価の上昇率は高く、どんどん値上がりしているが、青いトークンひとつで、どこまででも乗ることができる。改札付近には監視員がいて、時折荷物検査が行われる。駅構内は清潔で、ゴミひとつない。トイレもない。

● 発車や列車の到来を告げる音はなく、列車は静かにホームへすべりこむ。列車がいつ来るかは、電光掲示板に表示される。ピーク時のチランザール線は2分ごとに列車がくる。

● 旧ソ連の国々でよく見られる車両は、4両編成で、青を基調としたカラーリングがかわいらしい。つり革はないが、運転はあらく左右に揺れるので、座れるなら座ったほうがよい。駅間は平均で1.4キロメートル。端から端まで乗ってもさほど時間はかからないためか、網棚はない。

② 出口と入口は完全に分かれていて、再入場はできない。

① プラスチック製のトークンは、各駅の窓口で購入する。

③ トークンを自動改札機に投入して入場。

④ 改札前とエスカレーター下には詰所があり、荷物検査などで止められることもある。2018年から地下鉄構内の撮影が解禁された。

⑤ 少し待てばすぐに次の電車が来るので、時刻表は掲示されていない。プラットホーム端の電光掲示板に待ち時間が表示される。

案内板の見方
ウズベキスタン線 コスモナウトラル駅の表示

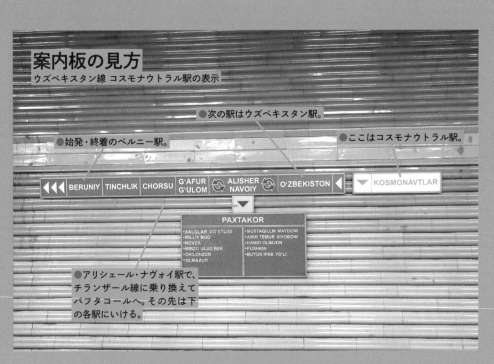

●次の駅はウズベキスタン駅。

●始発・終着のベルニー駅。

●ここはコスモナウトラル駅。

◀◀◀ BERUNIY TINCHLIK CHORSU G'AFUR G'ULOM ALISHER NAVOIY O'ZBEKISTON ◀ ▼ KOSMONAVTLAR

▼

PAXTAKOR

- XALQLAR DO'STLIGI
- MILLIY BOG'
- NOVZA
- MIRZO ULUG'BEK
- CHILONZOR
- OLMAZOR
- MUSTAQILLIK MAYDONI
- AMIR TEMUR XIYOBONI
- HAMID OLIMJON
- PUSHKIN
- BUYUK IPAK YO'LI

●アリシェール・ナヴォイ駅で、チランザール線に乗り換えてパフタコールへ。その先は下の各駅にいける。

●旧ソ連の国々でよく見られる車両。英語の表記はないが、乗り換えはとてもわかりやすい。

車両

●パンタグラフはなく、レールから集電する第三軌条方式。

●破れた部分を釘で補修して使い続けられている。

●つり革はない。試着室のように座席を囲うポール。

●初めて見る形のアネモ。

●地下鉄だが窓が開く。

●合皮製の硬い座席。

エスカレーター

●長いエスカレーター下に、詰所がある。

●モスクワ地下鉄ができるとき、ソ連はOTIS製のエスカレーター導入を諦め、自国の技術者が欧米のパンフレットや乗った時の経験をもとに製作したという。タシケントメトロのそれもモスクワをはじめ、共産圏のエスカレーターとほぼ同じものだった。

●年代物のエスカレーター。レバーがぽつんとついている

●エスカレーター見下げ。

●レバーや下部のふくらみ、木目プリントがよい。

●エスカレーターのピクト。

Юнус Ражабий

Минг Ўрик

ほの暗く
デコラティブ

Пушкин

Беруний

Машинасозлар

Ўзбекистон

Абдулла Кодирий

Чилонзор

Тинчлик

Минор

Ҳамид Олимжон

15

Чорсу

Алишер Навоий

凹凸と陰影

Бодомзор

Минг Ўрик

16

Беруний

Машинасозлар

Пахтакор

Мустақиллик Майдони

Ғафур Ғулом

隠す、見せる

●非常時の道具は目立つように。
隠れた扉を見つける喜び。

やぼな
かわいさ

●バランスが良くないから目に
入って仕方がない愛すべき道具。

21

СТОЙ
ВЫСОКОЕ
НАПРЯЖЕНИЕ

2

ПМ-560

DC-1-7

ステンシル
たくさん

ILTIMOS SUYANMANGIZ
НЕ ПРИСАОНЯТЬСЯ

CHIQISH MUMKIN E
ВЫХОДП НС

КАТЕГОРИЯ-Д
КЛАСС-П-IIA

ВЕСТИБЮЛЬ
7°° дан 19°° гача
ИШЛАЙДИ

РАБОТАЕТ
с 7°° 19°°

ILTIMOS SUYANMANGIZ
НЕ ПРИСАОНЯТЬСЯ

МЕТРО
CHIQISH
MUMKIN
EMAS

НА ЭСКАЛАТОРЕ
ПРОВОДЯТСЯ РЕМОНТНО-
ПРОФИЛАКТИЧЕСКИЕ
РАБОТЫ

ПРИ ПОЖАРЕ ЗВОНИТЕ
9-101   31-24

ПК
42

НЕТ
ПРОХОДА

KIRISH

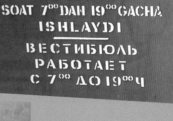

VESTIBYUL
SOAT 7⁰⁰DAN 19⁰⁰GACHA
ISHLAYDI

ВЕСТИБЮЛЬ
РАБОТАЕТ
С 7⁰⁰ ДО 19⁰⁰ч

2А
КАТЕГОРИЯ-Д

КЛАСС П-IIА

Беруний

Beruniy

ОГОХЛИК-
ДАВР
ТАЛАБИ!

●三角形が連続したような幾何学の
壁面装飾に、照明はガラスの裁断面の
角度にこだわり抜いたシャンデリア
を組み合わせる。三角錐に落ちた陰影
の表情がドラマチックな効果を生む。

●階段のライトはシャンデリアの
バリエーション。

O'zbekiston Line   1991

Тинчлик

Tinchlik

●タイルの装飾でホームの壁面全体が覆われて、駅自体が大きな絵画作品のようなロマンチックな駅。艶のないテラコッタ色のタイルは、青をメインに、限られた色だけでペイントされている。

柱の中央を走る赤いラインも
天然石でできている。

●プラットフォームの中央を
クリスタルのシャンデリアが
飾っている。

Тинчлик

改札階から、全面ガラスの向こうに
ホームの丸い天井が見える。

Чорсу

Chorsu

●チョルスーはペルシャ語由来で、交差点を意味するという。チョルスーバザールの屋根と同じ青・緑・紫を基調とした艶のあるタイルと、ペールブルーの石、そして下部を黒い石で締めてすっきりとしている。階段の踊り場の左右に配置された抽象的な壁画は、よく見ると図案を少しずつ変えている。月や雲を連想するような、どこか日本的な雰囲気も感じられる。

立体的なタイル。スクラッチもある。

Чорсу

●ホームの端と端に異なるデザインを配置。

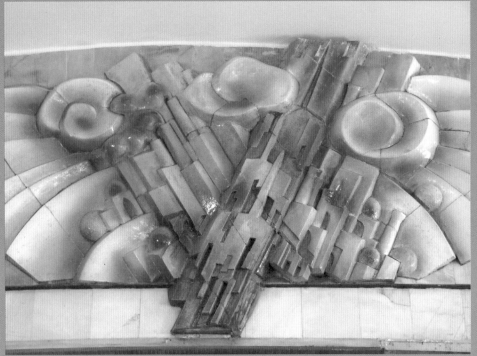

●ベンチの背もたれと座面が
木材。冷たくないようにとの
思いやりを感じる。

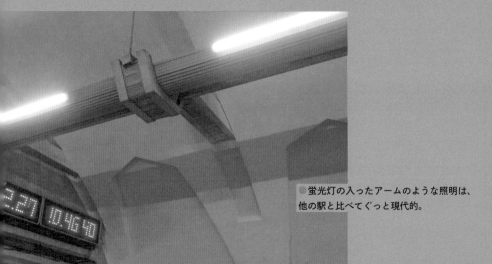

●蛍光灯の入ったアームのような照明は、
他の駅と比べてぐっと現代的。

Чорсу

Чорсу
бозори

チョルスーバザール

●チョルスー駅の出口から外に出ると、ウズベキスタン一の広さを誇るチョルスーバザールの喧騒が待っている。建物の外にも延々と市場が広がり、生鮮食品から乾物、下着、器に至るまで、ありとあらゆるものが揃う。近年ショッピングセンターが増えてきたとはいえ、市民の買い物はバザールが主流らしい。スロープに足を取られるおばあさんに手を差し伸べるおじさん、井戸で水を汲む女の子、鳥を飼っている人、買い出しのきびきびとした青年、人々の日常が垣間見える。バザールの外には旧市街が広がる。路地を散歩すれば、日干しレンガの家々の間から、子どもたちの笑いさざめく声が聞こえてくる。

●生鮮食品の入るドームの屋根は、モザイクタイルでできている。

Чорсу
бозори

●ドームの天井。

●売り場のショーケースがスペイシー。

●ウズベキスタン名物の平たいパン。

●活気のある肉売り場。2階席から見ているだけでも楽しい。

●台車に山積みにされた
玉ねぎを落とさないよう
に数人で慎重に運ぶ。

●しぼりたてのラズベリー
ジュースをガラスのコップ
に入れてくれる。

●スイカが2両編成の台車
に積まれ運ばれていく。

Ғафур Ғулом

G'afur G'ulom

PLATFORMA NING CHETIDA TURMANG!
Е К КРАЮ ПЛАТФОРМЫ!

●ガフール・グロムは、ウズベキスタ
ンの詩人で文学者の名前。この駅の壁
画はとても叙情的だ。大小の陶片が組
み合わさって抽象的な絵画が生まれ
ている。暖色の石が壁面装飾を引き立
たせる。いろんな模様を刻んだ多面体
の柱は上に向かって広がる。

Ғафур Ғулом

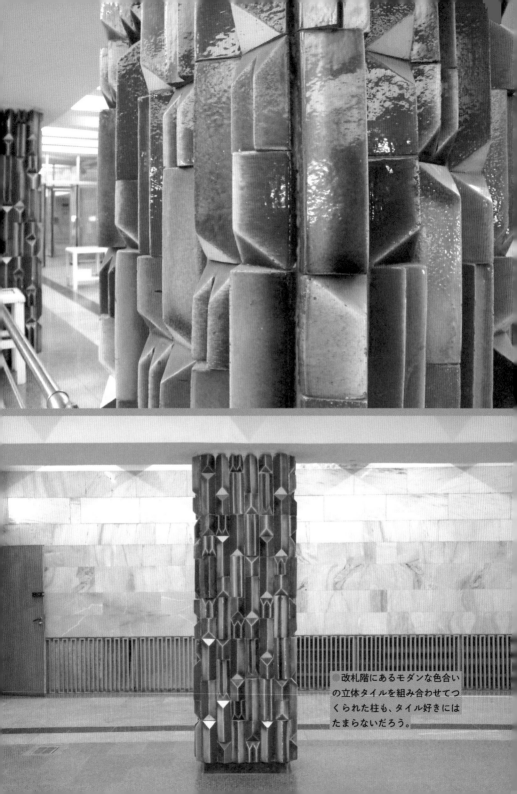

●改札階にあるモダンな色合い
の立体タイルを組み合わせてつ
くられた柱も、タイル好きには
たまらないだろう。

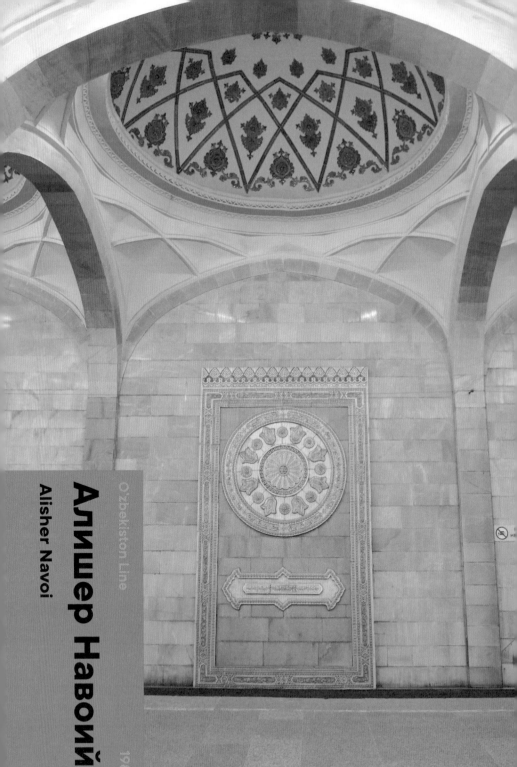

Алишер Навоий

Alisher Navoi

O'zbekiston Line

1984

　●モスクとメドレセ（イスラム教の学校）を意識したような
デコラティブなインテリア。天井を埋め尽くすドームの
植物文様・壁面のレリーフはすべて異なる。床は石で星
の形が象られている。これほど贅をこらした内装であり
ながら、蛍光灯が見える形で設置されていることに時代
を感じて微笑んでしまう。メンテナンスもしやすいだろ
う。アリシェール・ナヴォイは15世紀ティムール朝の詩
人の名前で、彼の肖像（レリーフ）もある。

Алишер Навоий

チランザール線への乗り換え
階には、ちょっとした回廊があ
り、なぜか自習スペースになっ
ている。ここの壁面に飾られて
いるたくさんのレリーフも見応
えがある。エスカレーター途中
の巨大な壁画も壮観。

O'zbekiston Line   1984

Ўзбекистон

O'zbekiston

●上に向かって開いた綿花のようなランプと、川の流れを表現したようなタイルがホームの端から端まで通っていて、まるで街を歩いているようなプラットフォーム。突き当たりには、それぞれ石貼りの見事な壁画がある。

Ўзбекистон

石の色を利用した見事な壁画。

Космонавтлар

Kosmonavtlar

●宇宙飛行士のステーションとい
う名前が素敵なこの駅は、青から
薄い水色へのグラデーションをつ
くるロングタイルで壁面全体を構
成している。

●世界初の女性宇宙飛行士ワレンチナ・テレシコワや右手をあげるユーリ・ガガーリンなどの宇宙飛行士や天文学者を描いた絵はフレスコ画のようなマットな仕上がり。

Космонавтлар

◎天井からは、ポテトチップス
型の波板ガラスがホームの端か
ら端まで吊り下がり、間接照明
として機能している。グリーン
のガラスタイルに覆われた柱が
月へと伸びるようだ。

Ойбек

Oybek

●オイベックの大理石の柱には
四方に深い青と緑のタイルが
埋め込まれている。さらに地下
へともぐり、ユヌスバッド線ミ
ン・オリックへ向かおう。

Минг Ўрик

Ming O'rik

薄暗く細いトンネルの天井に
貼られた白い金属パネルが光を
反射させる。先の見えないカー
ブがよい。トンネルの向こう、ミ
ン・オリック駅は高い天井にさ
まざまなグラスを逆さにしたよ
うなシャンデリアが連なる。

Тошкент

Toshkent

●メトロのタシケント駅は陸のタシケント
駅と直結している。階段のレリーフがいか
にも共産圏のデザイン。マーブルの壁に
かっちりとはめられた大きな陶製の壁画
は立体的で、物語性がある。都市の建物な
どを象ったものにはモダンさを感じる。

●天井の装飾も陶製。

●柱頭のレリーフも見どころのひとつ。

Машинасозлар

Mashinasozlar

青い結晶のような強化ガラスを通した光が幻想的なマシナソズラール（英語でマシン）駅。一方の通路はふさいであり、薄暗かった。柱には赤い花崗石、青白い大理石が貼られている。

Дустлик

Do'stlik

OGOHLIK - DAVR
TALABI

●ウズベキスタン線の終着駅（現在のところ）。照
明を埋め込んだ金属の装飾が、いくつものアー
チをつくり、奥行きを感じるホーム。ドストリ
ク駅を降りると、Park Razvlecheniy という
遊園地があるようで、ぜひ訪れてみたい。

側面の石貼りがおしゃれ。

DO'STLIK

●目のような、くちびるのような照明。

Yunusobod Line   2001

Юнус Ражабий

Yunus Rajabiy

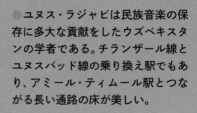

YUNUS RAJ'ABIY

●ユヌス・ラジャビは民族音楽の保
存に多大な貢献をしたウズベキスタ
ンの学者である。チランザール線と
ユヌスバッド線の乗り換え駅でもあ
り、アミール・ティムール駅とつな
がる長い通路の床が美しい。

Абдулла
Кодирий

Abdulla Qodiry

●アブドゥラ・コディリはタシケントの文学者で詩人。一段高くした天井から大ぶりのシャンデリアがぶらさがる。一見仏具のような、この花びら照明の形をさまざまな形に展開させている。

Абдулла Кодирий

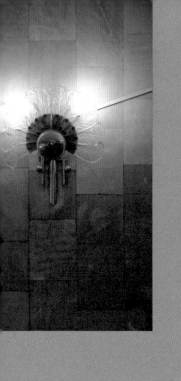

BDULL

◉柱の中に埋め込まれた色ガラスが、
光を透かしてきらめく。

Минор

Minor

●ミノール駅ホームの中央に
は柱がずらっと並ぶ。赤い花
崗岩でできた柱の四方には白
い持ち送りがあり、装飾的な
ガラスの照明が灯る。

Бодомзор

Bodomzor

●2001年にできた、タシケント・メトロの中でもかなり新しい駅。ボドムゾールはくるみ畑の意味。幾何学的な水色のラインと丸いセラミックの壁画が、胞子のようなクリーム色のライトによって照らされる。ライトとデザインを合わせた低いスツールも独特。

●床の模様も凝っている。

Бодомзор

●階段の装飾は、東洋風にも見える。複雑なタイルを見ているだけでも楽しい。

Шахристон

Shahriston

●地質学者ハビブ・アブドゥラエ
フの名前がつけられた駅は、シャ
フリストンに改名。ボドムゾール
駅方面から乗ると、一度地上に出
て、テレビ塔を間近に見ることが
できる。焦げ茶色の持ち送りの装
飾は、階段のライトにも使われて
いる。終着駅であるここは、タシ
ケント北部付近の住宅地に住む
人々が使うので乗降客が多い。乗
り合わせたウズベキスタン鉄道の
職員さんによると、タクシーでユ
ヌサバッド地区へ行くと、ショッ
ピングやレストランなどがあって
開けていて楽しいらしい。

Мирзо Улугбек

Mirzo Ulug'bek

●下すぼまりの赤い石の柱に、蛍光灯を埋め込んだスパンドレルという異素材を組み合わせた内装。偉大なるウルグ・ベク（ティムール朝の第4代君主で天文学者）という名の駅。サマルカンドにはウルグ・ベクが天文観測を行なった天文台の跡が残る。

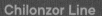

●全駅の中でも旧ソビエト色が
濃いオルマゾール（ウズベク語で
りんご畑）。赤い石のレリーフと
いい、重厚感のあるインテリア
に仕上がっている。

| BUYUK IPAK YO'LI | PUSHKIN | HAMID OLIMJON | AMIR TEMUR XIYOBONI | MUSTAQILLIK MAYDONI | PAXTAKOR | XALQLAR DO'STLIGI | MILLIY BOG' | NOVZA | MIRZO ULUG'BEK | CHILONZOR | | OLMA |

YUNUS RAJABIY

•ABDULLA QODIRIY	•MINGO'RIK
•MINOR	
•BODOMZOR	
•SHAHRISTON	

ALISHER NAVOIY

•G'AFUR G'ULOM	•O'ZBEKISTON
•CHORSU	•KOSMONAVTLAR
•TINCHLIK	•OYBEK
•BERUNIY	•TOSHKENT
	•MASHINASOZLAR
	•DO'STLIK

●この壁についての解説はp.136へ。

●この壁についての解説はp.136へ。

●鎌と槌と五芒星のレリーフ。

Олмазор

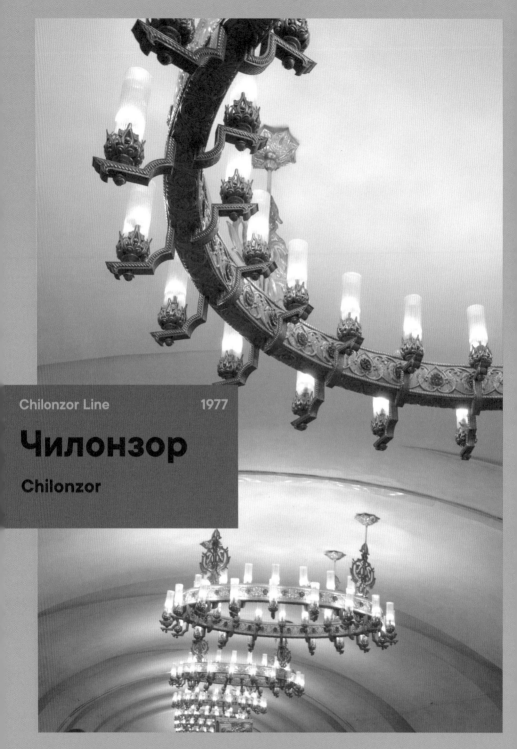

Чилонзор

Chilonzor

●チランゾールは、なつめやしの庭の意味。直径5メートルのシャンデリアは、隅々に繊細な装飾が施されている。

Чилонзор

●カラフルな壁面レリーフには、サン
ダルという外で使われる小上がりの
ようなこたつでお茶を飲む人、綿花を
摘む人、踊る人などが物語の一場面の
ように描かれている。樹木や岩など、
どこまでが1つのタイルなのか見て
いると時間が経ってしまう。

Чилонзор

PLATFORMANING CHETIDA TURMANG!
Е ПОДХОДИТЕ К КРАЮ ПЛАТФОРМЫ!

●蜂の巣のような装飾照明が天
井を覆う近未来的なノブザ駅。6
ピースのトライアングルからな
るユニットは、淡路町の近江屋洋
菓子店の照明にも似ている。

●天然石のモザイク壁画。

Миллий боғ

Milliy Bog'

●ミリー・ボギは国立公園という
名の通り、アリシェーナヴォイ国
立公園の最寄駅。ブロンズレリー
フが石貼りの壁面に架けられて
いる。駅全体として派手さはない
が、柱と柱の間に架けられた装飾
が純白の織物のようで美しい。

Chilonzor Line　　　　1977

Бунёдкор

Bunyodkor

●ブニョードコルは人民の友情という意味。ザクロや鳥、小動物、建物などを図案化したレリーフがかわいらしい。天井のPCパネル、多角形の柱と見所が多い。円形の外観もかわいい。外の広場にはコンサートのできる宮殿ホールがあり、「人民の友情」の象徴であるシャマムドフ家（戦争中に14人のさまざまな国籍を持った孤児をひきとったタシケントの鍛冶屋）の家族の像がある。

Бунёдкор

artel
Xalq tanlovi

UYINGIZGA
AYZ VA BARAKA

MODEL **HD 364** FWEN

NO FROST 爽

998 78 1488888

●「綿花を摘む人」を意味する駅
名にちなみ、モザイク画は綿花を
図案化したもの。ウズベキスタン
は世界でも有数の綿花生産国で、
陸路を走る列車からは綿花畑がい
たるところに広がるのが見えた。
聖火ランナーのモザイクは、ソ連
時代につくられた（1980年のモス
クワ五輪）名残りだろうか。

TATIB KO'RING
QIYOSLANG!
TANLANG!

●ホームに並んだ大理石を貼り付けた柱頂部の装飾は、梅田駅の地下を連想させる。

●白い綿のモザイク表現はめずらしくて興味深い。

Пахтакор

● パフタコールとアリシェール・ナ
ヴォイは乗り換え駅で、最も装飾に力
を入れている駅のひとつ。ホームから
の長いエスカレーターを上っていく
と、頭上にレースのようなドームが浮
かび上がる。緻密な植物文様の中に、
三角形の照明がはめ込まれており、夜
にこれを見てみたいと思った。

Пахтакор

●ロビーのような空間がたまらない

Пахтакор

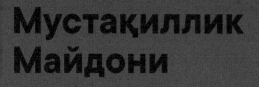

Мустақиллик Майдони

Mustaqillik Maydoni

●駅名のムスタキリク・マイドニは独立広場の意味。トルキスタン総督府の時代に建てられた大聖堂がソ連時代には破壊されて赤の広場となり、レーニン像が置かれ「レーニン広場」と呼ばれ、やがてそれも撤去され……政治状況を表わしてきた土地でもある。真っ白な駅なのだが、すらりと伸びた柱のカッティングと、筒状のガラスを組み合わせた大ぶりのシャンデリアが生む光と影を味わうことができる。

Мустакиллик Майдони

Амир Темур Хиёбони

Amil Temur Xiyoboni

●「アミール」はイスラム圏で貴人の称号を意味する。一代で広大なティムール朝を打ち立てたサマルカンド出身の英雄ティムールを讃える広場の名前が駅名になっている。ユヌスバッド線ユヌス・ラジャピ駅との乗り換え駅。

Узбекистон
Мехмонхонаси

ウズベキスタンホテル

●ウズベキスタンホテルは、アミー
ル・ティムール・ヒヨボニ駅から歩
いてすぐのところに位置する1974
年生まれの旧国営ホテルで、新市街
の中心地、ティムール広場に面して
いる。伝統文様の装飾がファサード
を覆い尽くす。これはウズベキスタ
ンのソ連期の建築の特徴でもある。

●地下鉄に疲れたら、
ボロネーゼスパゲティ
でひとやすみ。

●ウズベキスタンホテルのある新市街には、
明るい色彩と伝統装飾を活用したコンクリートパネルの集合住宅が林立する。

Chilonzor Line　　　　　1980

Ҳамид Олимжон

Hamid Olimjon

●ハミド・オリムジョンという詩人にちなんだ名前の駅。プラットフォームには、街灯のような大理石製の照明が点在する。壁にはモルタルでつくられたとおぼしき壮麗な装飾が帯状にかかる。壁にはピンクを基調とした石を貼り、余白を多く残したデザインで、上品な印象を受ける。

Пушкин

Pushkin

ПУШКИН

●プーシキン駅。燭台のような
蛍光電灯づかい。ブロンズのレ
リーフがホームの両端にある。
飴色の艶やかなガラスの照明
の先は、まるでちいさな炎のよ
うにも見えてくる。

●階段の蹴込は大理石。

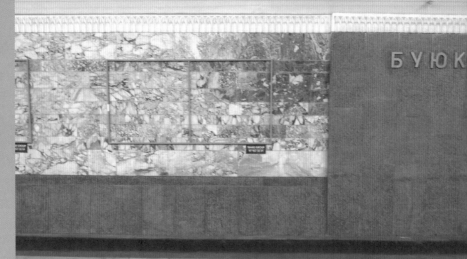

Chilonzor Line　　　　　　**1980**

Буюк Ипак Йўли

Buyuk Ipak Yo'li

●「偉大なるシルクロード」という駅
名は、もとはマクシム・ゴーリキー
駅だった。こんなふうに、ほとんど
の駅がロシア色を払拭した名前に
変更されている。頭上に広がる大き
な円形の照明はかなりの迫力。まる
で円盤から光が射すようにホーム
を神秘的な光で包み込む。

БУЮК

地下鉄の石材に刻まれた
ユーラシア大陸の歴史

西本昌司

●タシケントは、テュルク語で"石の町"を意味するという。写真を見せていただくと、なるほど、地下鉄の駅のあちこちに石材がふんだんに使われているではないか。壁や柱には主に大理石が、床には主に御影石が貼られており、なんとも重厚で落ち着いた雰囲気に装飾されている。ほとんど人工素材でつくられ、案内板だらけの日本の地下鉄とはまるで違う。

●オルマゾール駅の壁に使われている石材（fig.1）を見ると、同じ場所から採られた色違いの石のうち、グレーのものを下に集めて、うまくグラデーションにしているように見える。ノブザ駅の寄木細工のようなモザイクの柱（fig.2）やユヌス・ラジャビ駅の乱形石貼りの床（fig.3）では、それらの石材を巧みに組み合わせたデザインが施されており、優れた石工

の存在を感じる。ひときわ目を引かれるのは、ウズベキスタン駅の石貼りのモザイク壁画（fig.4）。蛇紋岩やラピスラズリと思われる石材が見えるから、あちこちから集められた石材が使われているに違いない。

●その芸術性もさることながら、使われている石材の多種多様さにも驚かされる。大理石としては、オレンジ〜ピンク色の結晶質石灰岩（タシケント駅 fig.5、マシナザール駅 fig.6）、白っぽい大粒の結晶質石灰岩（ミノール駅 fig.7、コスモナウトラル駅 fig.8）、化石を含んだ石灰岩（ミンオリック駅 fig.9）、黒っぽい石灰岩（fig.1の下のほう）など、様々なタイプのものが使われている。御影石としては、柱に赤っぽい花崗岩（ミノール駅 fig.10）、床に白っぽい花崗岩や黒っぽい閃緑岩と思われる岩石が使い分けられており（ミルゾ・ウルグベク駅 fig.11）、どんな岩石なのか近寄ってじっくり観察したくなる。

●これほどバリエーション豊かな石材は、いったいどこから調達されたものだろう。タシケントは巨大なユーラシア大陸のど真ん中にあって海運は使えない

し、ソビエト連邦だった時代、地理的にも政治的にも遠く離れていたヨーロッパからわざわざ輸入するようなことはなかっただろう。

●調べてみると、ガズガン（GAZGAN）やヌラタ（NURATA）と呼ばれる大理石が使われているらしい。どうやら、大理石はタシケントの西およそ350kmくらいのキジルクム砂漠内で、御影石はタシケントの南東にあるキルギスとの国境にあたるクルミン山脈や、東に広がるチャトカル山脈で採石されたもののようだ。衛星画像を見ると、シワのような山脈が広がっている。地質図を見ると、タシケントの東部から西部にかけて複雑な地質となっていて、その中には花崗岩（御影石）や石灰岩（大理石）も分布している。なるほど、タシケント近隣でも多様な石材がとれそうだ。壁画の青い石だけはアフガニスタン産ラピスラズリかもしれないが、多くは国内調達なのだろう。

●実は、この辺りは「中央アジア造山帯」と呼ばれる地域で、日本列島が誕生するよりずっと昔の、およそ8億年前ごろ、大陸同士がぶつかり合ってできたと考えられている。大陸同士の衝突によって、海底でできた地層は、盛り上がって山脈となったり、地下深部に押し込まれてマグマになったりして、複雑な地質構造となった。大陸衝突は今も続いており、インド大陸がユーラシア大陸に衝突することで、ヒマラヤ山脈ができている最中である。ユーラシア大陸は、何億年もの長い時間をかけて、小さな大陸を集めて成長してきた巨大大陸であり、中央アジア造山帯はそんなダイナミックな地殻変動の第一幕だった。

●つまり、タシケント地下鉄を飾る石材は、何億年にも及ぶユーラシア大陸の歴史を刻んだ岩石なのである。そんな大地の歴史を刻んだ岩石が、人の手によって磨きあげられ、"石の町"を飾り、そこで暮らした人々の歴史をも刻んでいる。そんなタシケント地下鉄の石材たちに、いつか直接会いに行ってみたいものである。

にしもとしょうじ：石材を科学的視点で見ながら、歴史・地理・文化とリンクさせて街歩きを楽しむ石好き。専門は地質学・岩石学。名古屋市科学館主任学芸員。博士（理学）。著書に『街の中で見つかるすごい石』（日本実業出版社）、『東京街角地質学』（イーストプレス）など。

Ўзбекистон
Цирки

タシケントサーカス

夜長堂

● 1975年にサーカス専用の国立の劇場として建設されたこの建物は、多くのタシケントの人々にとって、家族とともに訪れた思い出深い場所かもしれない。料金も手ごろで、空中演舞や動物のショーなどを観ることができる。開演前に、訪れた子どもたちがパラシュートのような用具を身につけて空中に舞い上がるというアトラクション的な要素も盛り込まれ、子どもから大人まで楽しめる。建築に興味がある人には、館内の見事な装飾も見どころのひとつとなるにちがいない。
● 一日に2回の公演だが、休演日もあるので確認してから行くのがおすすめ。